Dedication Page

To:

_____

From:

_____

Mo	Tu	We	Th	Fr	Sa	Su

MEMO No. _____

Date: ___ / ___ / ___

Mo	Tu	We	Th	Fr	Sa	Su

MEMO No. _____

Date: _____ / _____ / _____

Mo	Tu	We	Th	Fr	Sa	Su

MEMO No. _____

Date: ____ / ____ / ____

Mo	Tu	We	Th	Fr	Sa	Su

MEMO No. _____

Date: _____ / _____ / _____

Mo	Tu	We	Th	Fr	Sa	Su

MEMO No. _____

Date: ___ / ___ / ___

Mo	Tu	We	Th	Fr	Sa	Su

MEMO No. _____

Date: _____ / _____ / _____

Mo	Tu	We	Th	Fr	Sa	Su

MEMO No. _____

Date: ___ / ___ / ___

Mo	Tu	We	Th	Fr	Sa	Su

MEMO No. _____

Date: / /

Mo	Tu	We	Th	Fr	Sa	Su

MEMO No. _____

Date: / /

Mo	Tu	We	Th	Fr	Sa	Su

MEMO No. _____

Date: /   /

Mo	Tu	We	Th	Fr	Sa	Su

MEMO No. _____

Date: ___ / ___ / ___

Mo	Tu	We	Th	Fr	Sa	Su

MEMO No. _____

Date: __ / __ / __

Mo	Tu	We	Th	Fr	Sa	Su

MEMO No. _____

Date: / /

Mo	Tu	We	Th	Fr	Sa	Su

MEMO No. _____

Date: ___ / ___ / ___

Mo	Tu	We	Th	Fr	Sa	Su

MEMO No. _____

Date: /   /

Mo	Tu	We	Th	Fr	Sa	Su

MEMO No. _____

Date: /   /

Mo	Tu	We	Th	Fr	Sa	Su

MEMO No. _____

Date: ____ / ____ / ____

Mo	Tu	We	Th	Fr	Sa	Su

MEMO No. _____

Date: _____ / _____ / _____

Mo	Tu	We	Th	Fr	Sa	Su

MEMO No. _____

Date: / /

Mo	Tu	We	Th	Fr	Sa	Su

MEMO No. _____

Date: _____ / _____ / _____

Mo	Tu	We	Th	Fr	Sa	Su

MEMO No. _____

Date: / /

Mo	Tu	We	Th	Fr	Sa	Su

MEMO No. _____

Date: ___ / ___ / ___

Mo	Tu	We	Th	Fr	Sa	Su

MEMO No. _____

Date: /   /

Mo	Tu	We	Th	Fr	Sa	Su

MEMO No. _____

Date: _____ / _____ / _____

Mo	Tu	We	Th	Fr	Sa	Su

MEMO No. _____

Date: ___ / ___ / ___

Mo	Tu	We	Th	Fr	Sa	Su

MEMO No. _____

Date: _____ / _____ / _____

Mo	Tu	We	Th	Fr	Sa	Su

MEMO No. _____

Date: _____ / _____ / _____

Mo	Tu	We	Th	Fr	Sa	Su

MEMO No. _____

Date: /   /

Mo	Tu	We	Th	Fr	Sa	Su

MEMO No. _____

Date: / /

Mo	Tu	We	Th	Fr	Sa	Su

MEMO No. _____

Date: / /

Mo	Tu	We	Th	Fr	Sa	Su

MEMO No. _____

Date: ___ / ___ / ___

Mo	Tu	We	Th	Fr	Sa	Su

MEMO No. _____

Date: /   /

Mo	Tu	We	Th	Fr	Sa	Su

MEMO No. _____

Date: /   /

Mo	Tu	We	Th	Fr	Sa	Su

MEMO No. _____

Date: /   /

Mo	Tu	We	Th	Fr	Sa	Su

MEMO No. _____

Date: /   /

Mo	Tu	We	Th	Fr	Sa	Su

MEMO No. _____

Date: / /

Mo	Tu	We	Th	Fr	Sa	Su

MEMO No. _____

Date: /   /

Mo	Tu	We	Th	Fr	Sa	Su

MEMO No. _____

Date: / /

Mo	Tu	We	Th	Fr	Sa	Su

MEMO No. _____

Date: _____ / _____ / _____

Mo	Tu	We	Th	Fr	Sa	Su

MEMO No. _____

Date: /   /

Mo	Tu	We	Th	Fr	Sa	Su

MEMO No. _____

Date: _____ / _____ / _____

Mo	Tu	We	Th	Fr	Sa	Su

MEMO No. _____

Date: /   /

Mo	Tu	We	Th	Fr	Sa	Su

MEMO No. _____

Date: /   /

MEMO No. _____

Date: / /

Mo	Tu	We	Th	Fr	Sa	Su

MEMO No. _____

Date: _____ / _____ / _____

MEMO No. _____

Date: _____ / _____ / _____

Mo	Tu	We	Th	Fr	Sa	Su

MEMO No. _____

Date: _____ / _____ / _____

Mo	Tu	We	Th	Fr	Sa	Su

MEMO No. _____

Date: _____ / _____ / _____

Mo	Tu	We	Th	Fr	Sa	Su

MEMO No. _____

Date: / /

Mo	Tu	We	Th	Fr	Sa	Su

MEMO No. _____

Date: _____ / _____ / _____

Mo	Tu	We	Th	Fr	Sa	Su

MEMO No. _____

Date: ____ / ____ / ____

Mo	Tu	We	Th	Fr	Sa	Su

MEMO No. _____

Date: / /

Mo	Tu	We	Th	Fr	Sa	Su

MEMO No. _____

Date: / /

Mo	Tu	We	Th	Fr	Sa	Su

MEMO No. _____

Date: ___ / ___ / ___

Mo	Tu	We	Th	Fr	Sa	Su

MEMO No. _____

Date: / /

Mo	Tu	We	Th	Fr	Sa	Su

MEMO No. _____

Date: _____ / _____ / _____

Mo	Tu	We	Th	Fr	Sa	Su

MEMO No. _____

Date: _____ / _____ / _____

MEMO No. _____

Date: / /

Mo	Tu	We	Th	Fr	Sa	Su

MEMO No. _____

Date: ____ / ____ / ____

MEMO No. _____

Date: ____ / ____ / ____

Mo	Tu	We	Th	Fr	Sa	Su

MEMO No. _____

Date: _____ / _____ / _____

Mo	Tu	We	Th	Fr	Sa	Su

MEMO No. _____

Date: _____ / _____ / _____

Mo	Tu	We	Th	Fr	Sa	Su

MEMO No. _____

Date: ___ / ___ / ___

Mo	Tu	We	Th	Fr	Sa	Su

MEMO No. _____

Date: _____ / _____ / _____

Mo	Tu	We	Th	Fr	Sa	Su

MEMO No. _____

Date: ___ / ___ / ___

MEMO No. _____

Date: ____ / ____ / ____

Mo	Tu	We	Th	Fr	Sa	Su

MEMO No. _____

Date: / /

Mo	Tu	We	Th	Fr	Sa	Su

MEMO No. _____

Date: / /

Mo	Tu	We	Th	Fr	Sa	Su

MEMO No. _____

Date: / /

Mo	Tu	We	Th	Fr	Sa	Su

MEMO No. _____

Date: ___ / ___ / ___

Mo	Tu	We	Th	Fr	Sa	Su

MEMO No. _____

Date: _____ / _____ / _____

Mo	Tu	We	Th	Fr	Sa	Su

MEMO No. _____

Date: /   /

Mo	Tu	We	Th	Fr	Sa	Su

MEMO No. _____

Date: / /

Mo	Tu	We	Th	Fr	Sa	Su

MEMO No. _____

Date: / /

Mo	Tu	We	Th	Fr	Sa	Su

MEMO No. _____

Date: ___ / ___ / ___

Mo	Tu	We	Th	Fr	Sa	Su

MEMO No. _____

Date: / /

Mo	Tu	We	Th	Fr	Sa	Su

MEMO No. _____

Date: ___ / ___ / ___

Mo	Tu	We	Th	Fr	Sa	Su

MEMO No. _____

Date: / /

Mo	Tu	We	Th	Fr	Sa	Su

MEMO No. _____

Date: _____ / _____ / _____

Mo	Tu	We	Th	Fr	Sa	Su

MEMO No. _____

Date: / /

Mo	Tu	We	Th	Fr	Sa	Su

MEMO No. _____

Date: ____ / ____ / ____

Mo	Tu	We	Th	Fr	Sa	Su

MEMO No. _____

Date: ____ / ____ / ____

Mo	Tu	We	Th	Fr	Sa	Su

MEMO No. _____

Date: _____ / _____ / _____

Mo	Tu	We	Th	Fr	Sa	Su

MEMO No. _____

Date: ___ / ___ / ___

Mo	Tu	We	Th	Fr	Sa	Su

MEMO No. _____

Date: ____ / ____ / ____

MEMO No. _____

Date: _____ / _____ / _____

Mo	Tu	We	Th	Fr	Sa	Su

MEMO No. _____

Date: / /

Mo	Tu	We	Th	Fr	Sa	Su

MEMO No. _____

Date: /   /

Mo	Tu	We	Th	Fr	Sa	Su

MEMO No. _____

Date: ____ / ____ / ____

Mo	Tu	We	Th	Fr	Sa	Su

MEMO No. _____

Date: _____ / _____ / _____

Mo	Tu	We	Th	Fr	Sa	Su

MEMO No. _____

Date: /   /

Mo	Tu	We	Th	Fr	Sa	Su

MEMO No. _____

Date: / /

Mo	Tu	We	Th	Fr	Sa	Su

MEMO No. _____

Date: ___ / ___ / ___

Mo	Tu	We	Th	Fr	Sa	Su

MEMO No. _____

Date: ____ / ____ / ____

Mo	Tu	We	Th	Fr	Sa	Su

MEMO No. _____

Date: / /

MEMO No. _____

Date: _____ / _____ / _____

Mo	Tu	We	Th	Fr	Sa	Su

MEMO No. _____

Date: / /

MEMO No. _____

Date: / /

Mo	Tu	We	Th	Fr	Sa	Su

MEMO No. _____

Date: ___ / ___ / ___

Mo	Tu	We	Th	Fr	Sa	Su

MEMO No. _____

Date: / /

Mo	Tu	We	Th	Fr	Sa	Su

MEMO No. _____

Date: _____ / _____ / _____

Mo	Tu	We	Th	Fr	Sa	Su

MEMO No. _____

Date: ___ / ___ / ___

Mo	Tu	We	Th	Fr	Sa	Su

MEMO No. _____

Date: _____ / _____ / _____

Mo	Tu	We	Th	Fr	Sa	Su

MEMO No. _____

Date: ___ / ___ / ___

Mo	Tu	We	Th	Fr	Sa	Su

MEMO No. _____

Date: _____ / _____ / _____

Mo	Tu	We	Th	Fr	Sa	Su

MEMO No. _____

Date: ____ / ____ / ____

Mo	Tu	We	Th	Fr	Sa	Su

MEMO No. _____

Date: _____ / _____ / _____

MEMO No. _____

Date: / /

Mo	Tu	We	Th	Fr	Sa	Su

MEMO No. _____

Date: / /

Mo	Tu	We	Th	Fr	Sa	Su

MEMO No. _____

Date: /   /

Mo	Tu	We	Th	Fr	Sa	Su

MEMO No. _____

Date: ___ / ___ / ___

Mo	Tu	We	Th	Fr	Sa	Su

MEMO No. _____

Date: /   /

MEMO No. _____

Date: / /

Mo	Tu	We	Th	Fr	Sa	Su

MEMO No. _____

Date: ___ / ___ / ___

Mo	Tu	We	Th	Fr	Sa	Su

MEMO No. _____

Date: / /

Mo	Tu	We	Th	Fr	Sa	Su

MEMO No. _____

Date: _____ / _____ / _____

Mo	Tu	We	Th	Fr	Sa	Su

MEMO No. _____

Date: ____ / ____ / ____

Mo	Tu	We	Th	Fr	Sa	Su

MEMO No. _____

Date: /   /

Mo	Tu	We	Th	Fr	Sa	Su

MEMO No. _____

Date: ___ / ___ / ___

Mo	Tu	We	Th	Fr	Sa	Su

MEMO No. _____

Date: ___ / ___ / ___

CONTACT INFORMATION

NAME	TELEPHONE #	EMAIL

CONTACT INFORMATION

NAME	TELEPHONE #	EMAIL

PASSWORD KEEPER

NAME OF WEBSITE/BANK	USER NAME/ LOGIN	PASSWORD

PASSWORD KEEPER

NAME OF WEBSITE/BANK	USER NAME/ LOGIN	PASSWORD

BIRTHDAY & ANNIVERSARY KEEPER

NAME	BIRTHDAY	ANNIVERSARY

BIRTHDAY & ANNIVERSARY KEEPER

NAME	BIRTHDAY	ANNIVERSARY

Made in the USA
Columbia, SC
02 May 2019